# I LOVE MY MOM  SZERETEM AZ ANYUKÁMAT

Shelley Admont

Illustrated by Sonal Goyal, Sumit Sakhuja

www.kidkiddos.com
Copyright©2015 by S. A. Publishing ©2017 by KidKiddos Books Ltd.
support@kidkiddos.com

All rights reserved. No part of this book may be reproduced in any form or by any electronic or mechanical means, including information storage and retrieval systems, without written permission from the publisher or author, except in the case of a reviewer, who may quote brief passages embodied in critical articles or in a review.

Third edition, 2025

Translated from English by Anita Estes
*Angolról fordította Anita Estes*

**Library and Archives Canada Cataloguing in Publication Data**
I Love My Mom (Hungarian Bilingual Edition)/ Shelley Admont
ISBN: 978-1-5259-1521-5 paperback
ISBN: 978-1-83416-943-9 hardcover
ISBN: 978-1-77268-789-7 eBook

Please note that the Hungarian and English versions of the story have been written to be as close as possible. However, in some cases they differ in order to accommodate nuances and fluidity of each language.

For those I love the most–S. A.

Azoknak, akiket a legjobban szeretek–S.A.

Tomorrow was Mom's birthday. The little bunny Jimmy and his two older brothers were whispering in their room.

*Holnap lesz Anya születésnapja. Jimmy, a kis nyuszi és két bátyja a szobájukban suttogtak.*

"Let's think," said the oldest brother. "The present for Mom should be very special."

*- Gondolkodjunk - mondta a legidősebb testvér. - Anya különleges ajándékot érdemel.*

"Jimmy, you always have good ideas," added the middle brother. "What do you think?"

*- Jimmy, neked mindig jó ötleteid vannak – tette hozzá a középső testvér. - Te mit gondolsz?*

"Ahm…" Jimmy started thinking hard. Suddenly he exclaimed, "I can give her my favorite toy — my train!" He took the train out of the toy box and showed it to his brothers.

*- Hmm - Jimmy erősen gondolkodott. Hirtelen felkiáltott. - Odaadom neki a kedvenc játékomat, a vonatomat. Elővette a vonatot a játékos dobozból és megmutatta testvéreinek.*

"I don't think Mom wants your train," said the oldest brother. "We need another idea. Something that she will really like."

*- Nem hiszem, hogy Anyának kellene a vonatod - mondta a legidősebb testvér. - Találjunk ki valami mást. Valamit, ami nagyon tetszene neki.*

"We can give her a book," screamed the middle brother happily.

*- Adjunk neki egy könyvet! - kiáltotta a középső testvér boldogan.*

"A book? It's a perfect gift for Mom," replied the oldest brother.

*- Könyvet? Tökéletes ajándék lenne Anyának - válaszolt a legidősebb testvér.*

"Yes, we can give her my favorite book," said the middle brother as he approached the bookshelf.

*- Igen, adjuk neki az én kedvenc könyvemet - mondta a középső testvér és odament a könyvespolchoz.*

"But Mom likes mystery books," said Jimmy sadly, "and this book is for kids."

*- De Anya a rejtélyes történeteket szereti - mondta Jimmy szomorúan - és ez a könyv gyerekeknek való.*

"I guess you're right," agreed his middle brother. "What should we do?"

- Azt hiszem, igazad van - állapította meg a középső testvér.
- Mit tegyünk?

The three bunny brothers were sitting and thinking quietly, until the oldest brother finally said,

*A három nyuszi testvér leült és csendben gondolkodott, míg a legidősebb testvér azt mondta:*

"There is only one thing that I can think of. Something that we can do by ourselves, like a card."

*- Eszembe jutott valami. Adjunk neki olyasmit, amit mi magunk készítettünk, például egy üdvözlőlapot.*

"We can draw millions of millions of hearts," said the middle brother.

*- Rajzolhatunk neki milliónyi szívet - mondta a középső testvér.*

"And tell Mom how much we love her," added the oldest brother.

*- És megmondhatjuk Anyának, hogy mennyire szeretjük - tette hozzá a legidősebb testvér.*

They all became very excited and started to work.

*Mindannyian nagyon izgatottak lettek és nekiálltak dolgozni.*

Three bunnies worked very hard. They cut and glued, folded and painted.

*A három nyuszi keményen dolgozott. Papírt vágtak és ragasztottak, hajtogattak és festettek.*

Jimmy and his middle brother drew hearts and kisses. When they finished, they added more hearts and even more kisses.

*Jimmy és középső testvére szíveket és puszikat rajzoltak. Mikor végeztek, még több szívet és még több puszit tettek hozzá.*

Then the oldest brother wrote in large letters:
*Aztán a legidősebb testvér nagy betűkkel ráírta:*

"Happy birthday, Mommy! We love you soooooooo much. Your kids."
"Boldog születésnapot Anya! Nagyon szeretünk. A gyerekeid."

Finally, the card was ready. Jimmy smiled.

*Végre elkészült az üdvözlőlap. Jimmy elmosolyodott.*

"I'm sure Mom will like it," he said, wiping his dirty hands on his pants.

*- Biztos tetszeni fog Anyának - mondta és beletörölte koszos kezeit a nadrágjába.*

"Jimmy, what are you doing?" screamed the oldest brother. "Don't you see your hands are covered in paint and glue?"

*- Jimmy, mit csinálsz? - kiáltotta a legidősebb testvér. - Nem látod, hogy festékes és ragasztós a kezed?*

"Oh, oh..." said Jimmy. "I didn't notice. Sorry!"

*- Oh, oh - mondta Jimmy. - Nem vettem észre. Sajnálom.*

"Now Mom has to do laundry on her own birthday," added the oldest brother, looking at Jimmy strictly.

- Most Anyának mosnia kell a saját születésnapján - tette hozzá a legidősebb testvér és szigorúan Jimmyre nézett.

"No way! I won't let this happen!" exclaimed Jimmy. "I'll wash my pants myself."

*- Semmiképpen! Nem fogom hagyni! - kiáltott fel Jimmy. - Majd én kimosom a nadrágomat.*

Together they washed all the paint and glue from Jimmy's pants and hung them to dry.

*Együtt kimosták a festéket és a ragasztót Jimmy nadrágjából és kiakasztották száradni.*

On the way back to their room, Jimmy gave a quick glance into living room and saw their Mom there.

*A szobájukba visszamenet Jimmy benézett a nappaliba és meglátta Anyát.*

"Look, Mom is sleeping on the couch," whispered Jimmy to his brothers.

*- Nézd, Anya a heverőn alszik - suttogta testvéreinek.*

"I'll bring my blanket," said the older brother who ran back to their room.

*- Hozom a takarómat - mondta az idősebb testvér és a szobájukba szaladt.*

Jimmy was standing and looking at his Mom sleeping. In that moment he realized what the perfect gift for their Mom should be. He smiled.

*Jimmy állt és nézte Anyát, ahogy aludt. Abban a pillanatban rájött, hogy mi lenne a tökéletes ajándék Anyának. Elmosolyodott.*

"I have an idea!" said Jimmy when the oldest brother came back with the blanket.

*- Van egy ötletem - mondta Jimmy amikor a legidősebb testvére visszajött a takaróval.*

He whispered something to his brothers and all three bunnies nodded their heads, smiling widely.

*Súgott valamit a testvéreinek és mind a három nyuszi bólintott, szélesen mosolyogva.*

Quietly they approached the couch and covered their Mom with the blanket.

*Csendben odamentek a heverőhöz és betakarták Anyát a takaróval.*

Each of them kissed her gently and whispered, "We love you, Mommy."

*Mindegyikük gyengéden megpuszilta és a fülébe súgták - Szeretünk Anya.*

Mom opened her eyes. "Oh, I love you too," she said, smiling and hugging her sons.

*Anya kinyitotta a szemét.*
*- Oh, én is szeretlek benneteket - mondta mosolyogva és megölelte fiait.*

The next morning, the three bunny brothers woke up very early to prepare their surprise present for Mom.

*Másnap reggel a három nyuszi testvér korán ébredt, hogy előkészítsék Anya meglepetését.*

They brushed their teeth, made their beds perfectly and checked that all the toys were in place.

*Megmosták a fogukat, szépen beágyaztak és az összes játékot a helyére tették.*

After that, they headed to the living room to clean the dust and wash the floor.

*Azután a nappaliba mentek port törölni és felmosni.*

Next, they came into the kitchen.
*Végül a konyhába mentek.*

"I'll prepare Mom's favorite toasts with strawberry jam," said the oldest brother, "and you, Jimmy, can make her fresh orange juice."
*- Elkészítem Anya kedvenc pirítósát eper lekvárral - mondta a legidősebb testvér - és te, Jimmy, készíts neki friss narancslevet.*

"I'll bring some flowers from the garden," said the middle brother who went out the door.
*- Hozok virágokat a kertből - mondta a középső testvér és kiment.*

When breakfast was ready, the bunnies washed all the dishes and decorated the kitchen with flowers and balloons.

*Amikor elkészültek a reggelivel, a nyuszik elmosták az összes edényt és feldíszítették a konyhát virágokkal és léggömbökkel.*

The happy bunny brothers entered Mom and Dad's room holding the birthday card, the flowers and the fresh breakfast.

*A boldog nyuszitestvérek bementek Apa es Anya szobájába, vitték a születésnapi kártyát, a virágokat és a friss reggelit.*

Mom was sitting on the bed. She smiled as she heard her sons singing "Happy Birthday," while they entered the room.

*Anya az ágyon ült. Mosolyogva hallgatta, amint fiai a Boldog születésnapot énekelték, ahogy beléptek.*

"We love you, Mom," they screamed all together.

*- Szeretünk Anya! - kiáltották egyszerre.*

"I love you all too," said Mom, kissing all her sons. "It's my best birthday ever!"

*- Én is szeretlek benneteket - mondta Anya és megpuszilta fiait. - Ez a legjobb születésnapom.*

"You haven't seen everything yet," said Jimmy with a wink to his brothers. "You should check the kitchen and the living room!"

*- Még nem is láttál mindent - mondta Jimmy és rákacsintott a testvéreire. - Nézd meg a konyhát és a nappalit.*

www.ingramcontent.com/pod-product-compliance
Lightning Source LLC
Chambersburg PA
CBHW041215240426
43661CB00012B/1055